23 Mai 1906
marqué PN

AF460257

ANCIENNES PORCELAINES DE CHINE

MATIÈRES DURES

EXEMPLAIRE DE H STETTIN

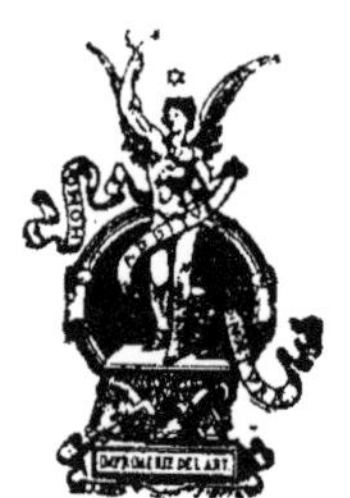

CATALOGUE

DES

Anciennes Porcelaines

DE CHINE

JADÉITES — JADES — MATIÈRES DURES

OBJETS DIVERS

DONT LA VENTE AURA LIEU, A PARIS

HOTEL DROUOT, SALLE N° 7

Le Mercredi 23 Mai 1906

à deux heures

COMMISSAIRE-PRISEUR

Me PAUL CHEVALLIER, 10, rue Grange-Batelière

EXPERTS

MM. MANNHEIM	**M. L. HÉLIOT**
7, rue Saint-Georges	62, rue de Clichy

EXPOSITION PUBLIQUE

Le Mardi 22 Mai 1906, de 1 heure 1/2 à 5 heures 1/2

CONDITIONS DE LA VENTE

Elle sera faite au comptant.

Les acquéreurs payeront *dix pour cent* en sus des enchères.

Paris. — Imp. de l'Art, E. Moreau et Cie, 41, rue de la Victoire.

Désignation

PORCELAINES DE CHINE

1 — Deux bouteilles à col renflé, décor de rinceaux fleuris et animaux. Ancienne porcelaine de Chine. Epoque des Ming.

2 — Gourde-applique, décor d'oiseaux et de rinceaux fleuris. Ancienne porcelaine de Chine. Epoque des Ming.

3 — Statuette du dieu de longévité, décorée en bleu. Ancienne porcelaine de Chine. Epoque des Ming.

4 — Boite lenticulaire, décorée de dragons et d'ustensiles, en ancienne porcelaine de Chine. Epoque des Ming.

5 — Pitong cylindrique en ancienne porcelaine de Chine, époque Kang-chi : poissons, branchages et inscription.

6 — Pitong cylindrique en ancienne porcelaine de Chine, époque Kang-chi : personnage sur un dragon et inscriptions.

7 — Autre analogue.

8 — Pitong cylindrique en ancienne porcelaine de Chine, époque Kang-chi : oiseaux, rochers et fleurs.

9 — Bouteille à col renflé, décorée de lambrequins en bleu. Ancienne porcelaine de Chine. Epoque Kang-chi.

10 — Autre bouteille, à décor analogue.

11 — Autre bouteille, à décor analogue.

12 — Deux boites cylindriques, à compartiments superposés, en ancienne porcelaine de Chine, à décor d'enfants et de feuillages. Ancienne porcelaine de Chine. Epoque Kang-chi.

13 — Vase quadrilatéral à col évasé, décoré sur toutes les faces de paysages animés de scènes familiales. Ancienne porcelaine de Chine. Epoque Kang-chi.

Haut., 47 cent.

14 — Vase-rouleau, présentant une audience de mandarin; composition de nombreux personnages. Ancienne porcelaine de Chine. Epoque Kang-chi.

Haut., 44 cent.

15 — Vase-rouleau, présentant des femmes dansant en présence d'un mandarin. Ancienne porcelaine de Chine. Epoque Kang-chi.

Haut., 47 cent.

16 — Vase-rouleau, présentant des personnages dans des habitations: paysages sur le col; mosaïques à l'épaulement. Ancienne porcelaine de Chine. Epoque Kang-chi.

Haut., 47 cent.

17 — Deux vases lancelles, décorés de rochers, branches fleuries et oiseaux. Ancienne porcelaine de Chine. Epoque Kang-chi,

Haut., 45 cent.

18 — Vase lancelle, présentant deux compositions superposées : audiences de mandarins. Ancienne porcelaine de Chine. Epoque Kang-chi.

Haut., 46 cent.

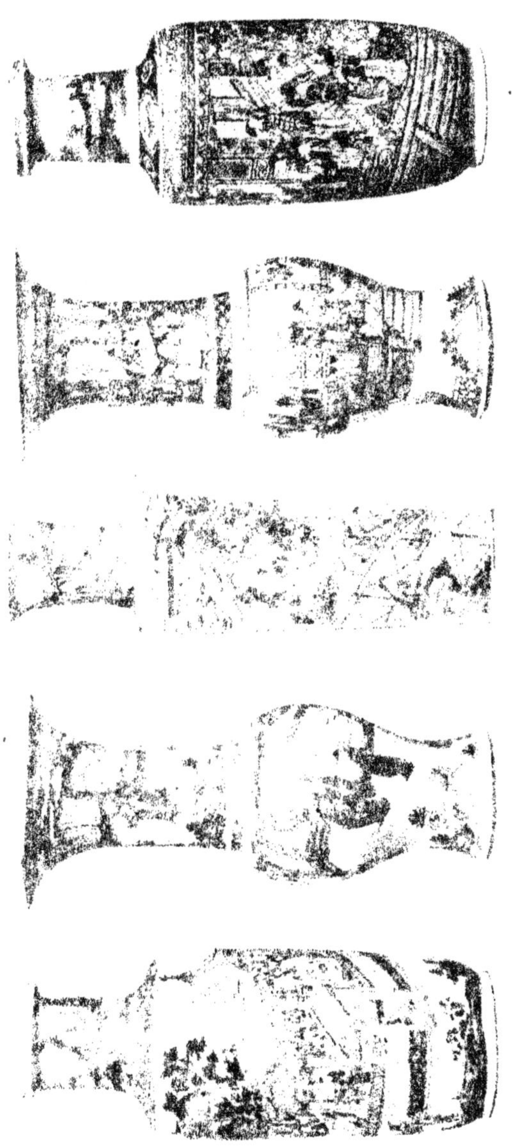

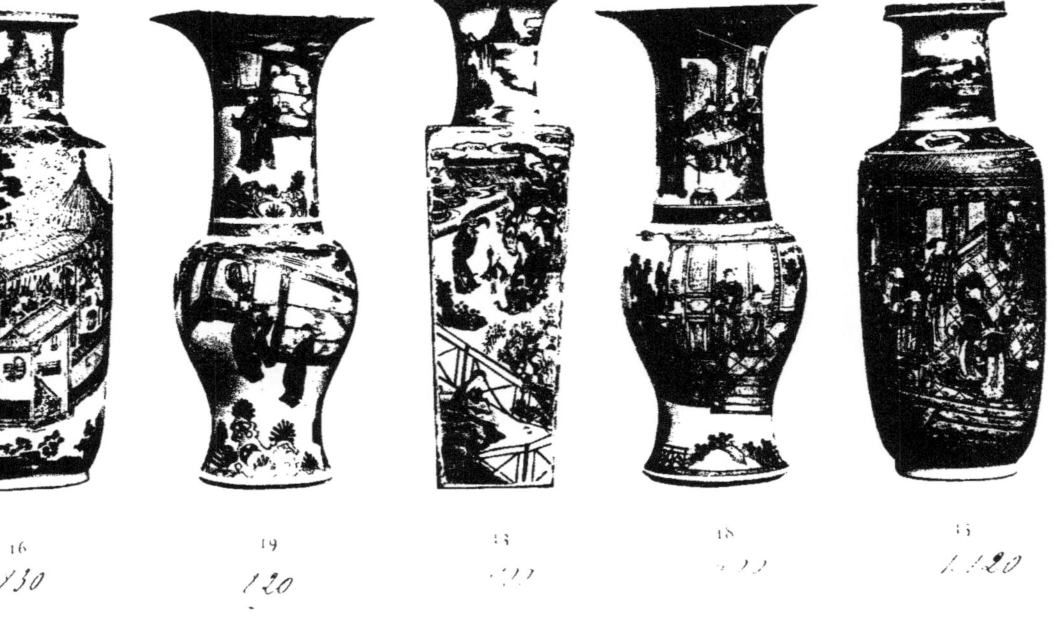

16 — 130 | 19 — 120 | 17 — [illegible] | 18 — [illegible] | 15 — 1120

Phototypie Berthaud Paris

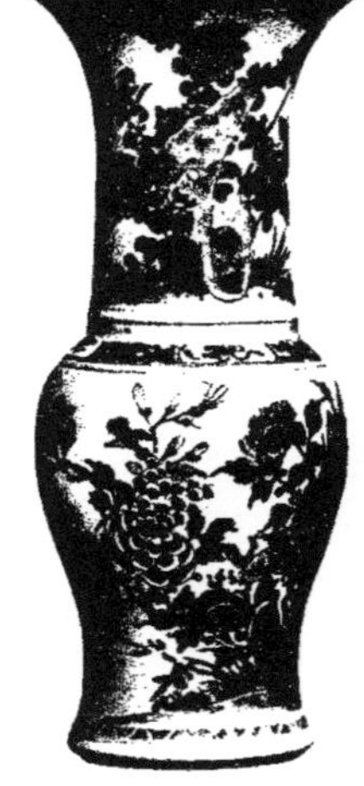

17

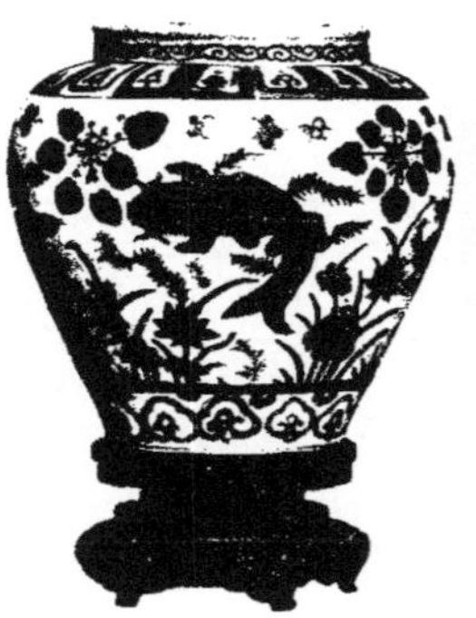

20

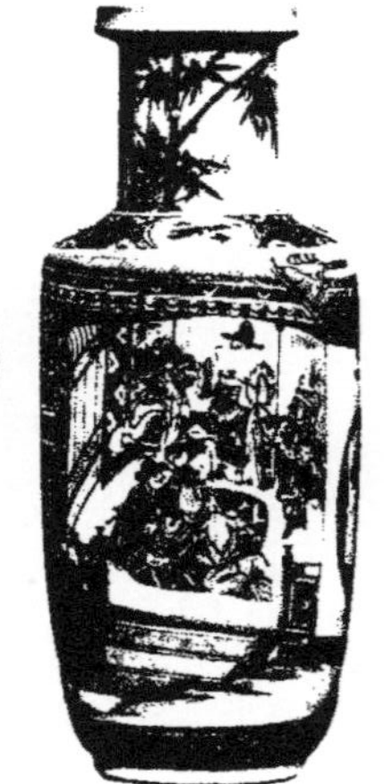

14

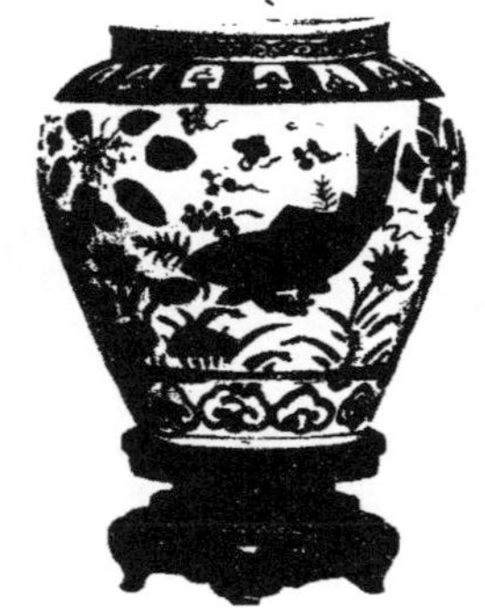

20

17

19 — Vase lancelle, présentant deux compositions superposées : personnages en promenade. Ancienne porcelaine de Chine. Epoque Kang-chi.

Haut., 46 cent.

20 — Deux potiches surbaissées, décorées de poissons et de plantes aquatiques ; épaulements et culots ornés. Ancienne porcelaine de Chine. Epoque des Ming. Socles en bois sculpté.

Haut., 24 cent.

21 — Plat creux, décoré de branches fleuries et d'insectes. Ancienne porcelaine de Chine. Epoque Kang-chi.

22 — Plat creux, décoré d'un dragon. Ancienne porcelaine de Chine. Epoque Kang-chi.

23 — Plat creux, décoré de branches fleuries et d'un papillon en réserve, sur fond bleu fouetté. Ancienne porcelaine de Chine. Epoque Kang-chi.

24 — Plat creux, décoré de deux cerfs et de deux grues dans un paysage. Ancienne porcelaine de Chine. Epoque Kang-chi.

25 — Plat, décoré d'habitations, marli carrelé. Ancienne porcelaine de Chine. Epoque Kang-chi.

26 — Plat creux, présentant une femme cueillant des fleurs et accompagnée d'autres femmes. Ancienne porcelaine de Chine. Epoque Kang-chi.

27 — Plat creux : arbustes et rochers ; chute quadrillée. Ancienne porcelaine de Chine. Epoque Kang-chi.

28 — Grand plat creux : personnages dans la campagne, l'un d'eux chassant à l'arc. Ancienne porcelaine de Chine. Epoque Kang-chi.

Diam., 47 cent.

29 — Deux bols, décorés de fleurs en couleurs dans des réserves, sur fond bleu fouetté. Ancienne porcelaine de Chine. Époque Kang-chi.

30 — Statuette de Li-tai-pé en ancienne porcelaine de Chine émaillée sur biscuit.

31 — Deux chiens de Fô brûle-parfums en ancienne porcelaine de Chine émaillée sur biscuit.

32 — Deux perruches en ancienne porcelaine de Chine émaillée sur biscuit en vert camélia truité. Socles en bois.

33 — Deux petits écrans, décorés chacun d'un personnage sur une face, d'ustensiles sur l'autre, en ancienne porcelaine de Chine émaillée sur biscuit.

34 — Bouteille, décor bleu : dragons sur le col, médaillons à ustensiles sur la panse, se détachant sur un fond carrelé. Ancienne porcelaine de Chine.

35 — Vase à panse turbinée et goulot étroit ; rinceaux fleuris en bleu. Ancienne porcelaine de Chine.

36 — Vase à deux anses, décor bleu, compartiments contenant des paysages avec cerfs ; ustensiles sur le col. Ancienne porcelaine de Chine.

Haut., 40 cent.

37 — Vase rond, avec couvercle, à décor bleu : rochers et fleurs. Ancienne porcelaine de Chine.

Haut., 24 cent.

38 — Assiette creuse en ancienne porcelaine mince de la Chine, présentant un personnage monté sur une mule.

39 — Petit vase : paysage animé. Ancienne porcelaine de Chine.

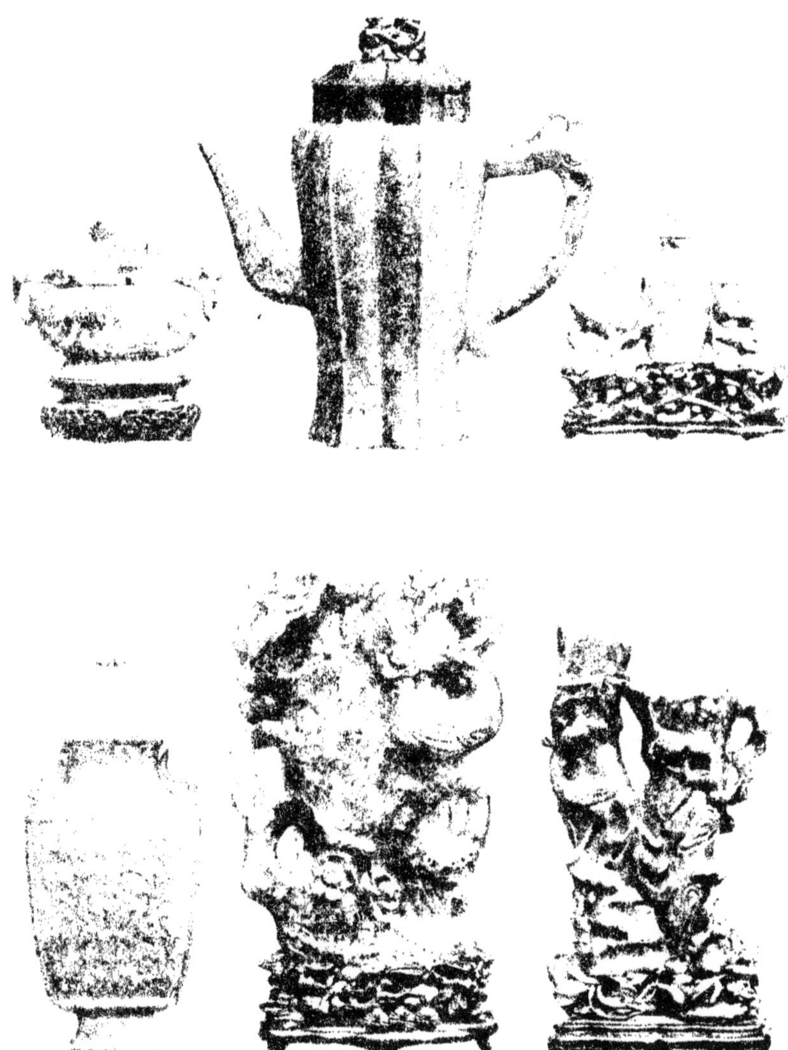

lander

lunder

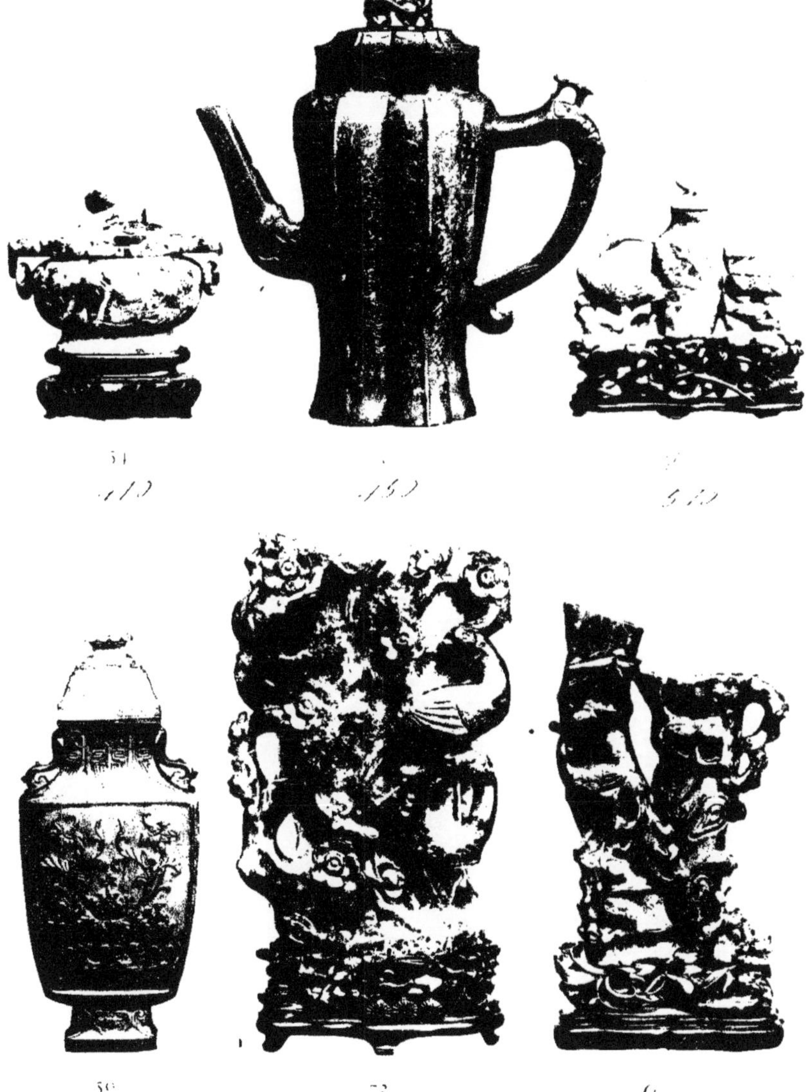

51

56 — 200

72 — 500

40 — Statuette de personnage étendu sur un rocher en ancienne porcelaine de Chine.

41 — Petit cornet en ancien céladon bleu-turquoise de la Chine.

42 — Bouteille à panse surbaissée, à décor d'arbustes en fleurs. Ancienne porcelaine de Chine. Epoque Kien-lung.

43 — Deux statuettes variées : personnages agenouillés tenant une coupe. Ancienne porcelaine de Chine. Epoque Kien-lung.

44 à 47 — Petit presse-papier, vase couleur bronze, vase gris craquelé, petit vase flambé, bouteille chair de poule ; petite coupe à pied, décor bleu ; boite lenticulaire, décor bleu ; trois soucoupes, petite coupe émaillée bleue. Porcelaine de Chine de diverses époques.

48 — Figurine et deux coupes libatoires en ancien blanc de Chine.

MATIÈRES DURES CHINOISES

49 — Théière, avec couvercle, en jade gris de la Chine : de forme haute, elle présente des nervures et porte des inscriptions.

50 — Vase-balustre quadrilatéral, avec couvercle, en jade gris de la Chine, décoré de rinceaux en relief.

51 — Groupe de deux buffles et d'un enfant en jade gris de la Chine. Socle en bois sculpté.

52 — Bloc de jade sculpté : singes et arbustes. Chine. Base en bois sculpté.

53 — Petit vase double, avec deux couvercles, en jadéite, partiellement vert émeraude de la Chine ; il se compose de deux fruits juxtaposés sur lesquels est posé un insecte. Chine. Socle en bois.

54 — Vase ovale surbaissé, avec couvercle, en jadéite verte sculptée de la Chine. Anneaux mobiles pris dans la masse.

55 — Petit bassin, de forme contournée, en jadéite verte, sur pied en bois sculpté. Travail chinois.

56 — Petit vase double, avec deux couvercles, accosté d'un oiseau, en jadéite verte de la Chine.

57 — Coupe en jadéite verte de la Chine.

58 — Collier et trois amulettes en jadéite vert émeraude.

59 — Bracelet en jade rouille de la Chine, sculpté.

60 — Porte-fleurs en jade vert de la Chine, formé de deux troncs d'arbres, avec branchages et oiseau en relief. Socle en ivoire.

61 — Petit porte-fleurs en jade vert de la Chine, décor de fleurs et d'un oiseau. Socle en bois.

62 — Petit écran en jadéite vert émeraude de la Chine, sculptée, à décor de paysages. Socle en bois.

63 — Petit écran ajouré en jade blanc de la Chine : arbustes et animaux.

64-68 — Sous ce numéro, dix-sept figurines ou animaux en jade de la Chine. (Seront divisés.)

69-70 — Six petits animaux, figurines etc. : sardoine, cornaline, cristal de roche améthyste. Chine. (Seront divisés.)

71 — Amulette en sardonyx, présentant une figurine d'enfant.

72 — Pitong en cristal de roche améthyste, en forme de tronc d'arbre, avec branches fleuries et oiseau. Socle en bois. Travail chinois.

73 — Petit vase porté par un éléphant avec anneaux pris dans la masse. Cristal de roche améthyste. Socle en bois. Travail chinois.

74 — Petit porte-fleurs, en forme de ling-tchi, en cornaline à deux couches. Socle en bois. Travail chinois.

75 — Coupe, en forme de fruits, avec branchages en agate grise mamelonnée. Travail chinois.

76 — Encrier en cristal de roche, décoré de salamandres en relief. Socle en bois. Travail chinois.

OBJETS VARIÉS

CHINOIS ET EUROPÉENS

77 — Deux chandeliers en ancien émail cloisonné de la Chine.

78-80 — Trente-trois flacons-tabatières en jade, agate, ambre, verre, porcelaine, etc., et petit vase en verre bleu. Chine. (Seront divisés.)

81-82 — Petit pitong, deux tasses, petite bouteille, soucoupe et disque. Email cloisonné de la Chine.

83 — Amulette et huit grains d'ambre, contenant des insectes fossiles. Travail chinois.

84 — Grain d'ambre chinois, contenant une mouche fossile.

85 — Dix batons d'ancienne encre de Chine.

86 — Petite boite filigranée et émaillée. Travail chinois.

87 — Quatre pièces, ivoire : deux petits vases, figurine et groupe. Chine.

88 — Deux petits écrans en ivoire sculpté : paysages et personnages. Travail chinois.

89 — Petite boite et petit fruit en bronze chinois.

90-91 — Quatre tasses, huit plateaux, petit écran en émail de Canton.

92 — Deux statuettes chinoises en bambou sculpté.

93 — Petite boite lenticulaire en bois laqué noir, avec applications de nacre. Chine.

94 — Petite coupe libatoire en corne de rhinocéros. Chine.

95 — Petite boite en laque rouge de Pékin.

96 — Six petits kakemonos peints sur soie : oiseaux, fleurs, etc. Epoque Kien-lung.

97 — Montre, deux boitiers de montres et cuvette en cuivre émaillé, des XVIIe et XVIIIe siècles.

98 — Boite ronde en cuivre, couvercle émaillé : buste de jeune fille. XVIIIe siècle.

99 — Petite peinture sur émail : buste de jeune femme. Fin du XVIIIe siècle.

www.ingramcontent.com/pod-product-compliance
Ingram Content Group UK Ltd.
Pitfield, Milton Keynes, MK11 3LW, UK
UKHW020537180726
13839UKWH00006B/2557